MY SHOES AND I

CROSSING THREE BORDERS

MIS ZAPATOS Y YO

CRUZANDO TRES FRONTERAS

By / Por René Colato Laínez

Illustrations by / Ilustraciones de Fabricio Vanden Broeck

Piñata Books
Arte Público Press
Houston, Texas

Publication of *My Shoes and I: Crossing Three Borders* is funded by grants from the Clayton Fund, Inc. We are grateful for their support.

Esta edición de *Mis zapatos y yo: Cruzando tres fronteras* ha sido subvencionada por la Clayton Fund, Inc. Le agradecemos su apoyo.

Piñata Books are full of surprises!
¡Piñata Books están llenos de sorpresas!

Piñata Books
An Imprint of Arte Público Press
University of Houston
4902 Gulf Fwy, Bldg 19, Rm 100
Houston, Texas 77204-2004

Cover design by / Diseño de la portada por Adelaida Mendoza

Names: Colato Laínez, René, author. | Vanden Broeck, Fabricio, 1954- illustrator.
Title: My Shoes and I : Crossing Three Borders / by Rene Colato Laínez ; illustrations by Fabricio Vanden Broeck = Mis zapatos y yo : cruzando tres fronteras / por Rene Colato Laínez ; ilustraciones de Fabricio Vanden Broeck.
Description: Houston, TX : Piñata Books, an imprint of Arte Público Press, [2019] | Summary: As a boy and his Papá travel from El Salvador to the United States to be reunited with Mamá, his wonderful new shoes help to distract him from the long and difficult journey. | In English and Spanish.
Identifiers: LCCN 2018035113 (print) | LCCN 2018040862 (ebook) | ISBN 9781518505812 (pdf) | ISBN 9781558858848 (alk. paper)
Subjects: | CYAC: Travel—Fiction. | Emigration and immigration—Fiction. | Shoes—Fiction. | Fathers and sons—Fiction. | Central America—Fiction. | Spanish-language materials—Bilingual.
Classification: LCC PZ73 (ebook) | LCC PZ73 .C5869 2019 (print) | DDC [E]—dc23
LC record available at https://lccn.loc.gov/2018035113

∞ The paper used in this publication meets the requirements of the American National Standard for Permanence of Paper for Printed Library Materials Z39.48-1984.

Printed in Hong Kong, China by Paramount Printing Company Limited
March 2021–May 2021
7 6 5 4 3

To the students at Fernangeles Elementary School and to
all the immigrant children around the world.
—RCL

To all those who chase migrant dreams through
valleys and mountains.
—FVB

A los estudiantes de la escuela primaria Fernangeles y a
todos los niños inmigrantes alrededor del mundo.
—RCL

Para todos aquellos que cruzando valles y montañas
persiguen sueños migrantes.
—FVB

For Christmas, Mamá sent me a new pair of shoes from the United States.

I love my new shoes. They walk everywhere I walk. They jump every time I jump. They run as fast as me. We always cross the finish line at the same time.

It's a very long trip to where Mamá lives. We need to travel across three countries. No matter how far, my shoes will take me there.

Para la Navidad, Mamá me mandó un par de zapatos nuevos de los Estados Unidos.

Me encantan mis zapatos nuevos. Ellos caminan donde yo camino. Saltan cada vez que yo salto. Corren tan rápido como yo. Siempre llegamos a la meta al mismo tiempo.

El viaje para llegar donde vive Mamá es muy largo. Tendremos que cruzar tres países. Pero no importa cuán largo sea el viaje, mis zapatos me llevarán hasta allá.

Uno, dos, tres, my shoes and I are ready to go.

I say goodbye to my friends and my house in El Salvador.

Papá opens the door. Oh, it's windy! *Whoooooooshoooh whooooooosh.*

The wind pushes me back. My shoes become pushing shoes. We push and push like a pack of elephants.

Uno, dos, tres, mis zapatos y yo estamos listos para salir.

Me despido de mis amigos y de mi casa en El Salvador.

Papá abre la puerta. ¡Ay, hace mucho viento! *Fiiiuuussshhh fiiiuuussshhh.*

El viento me empuja. Mis zapatos y yo luchamos contra él. Empujamos y empujamos como una manada de elefantes.

Finally, we are on our way!

I look at my shoes. Where has their shine gone? Gray, filthy, yucky dirt is all over my shoes!

I need to brush them off. *Swish, swish, swish.*

Perfect! They look like new.

¡Finalmente, salimos!

Miro mis zapatos. ¿Dónde está su brillo? Mis zapatos están cubiertos con un polvo gris, sucio y asqueroso.

Los tengo que limpiar. *Zúas, zúas, zúas.*

¡Perfecto! Están como nuevos.

Uno, dos, tres, my shoes and I are ready to keep going.

The bus ride is long. In Guatemala City, we stop in a plaza to eat our lunch.

Suddenly, big hungry dogs snatch my food. *Woof! Woof! Woof!*

I take some back and run. They chase me. My shoes become racing cars. We are very fast. The dogs get tired and give up.

Uno, dos, tres, mis zapatos y yo estamos listos para continuar.

El viaje en autobús es largo. En la Ciudad de Guatemala, paramos en una plaza para almorzar.

De repente, unos perros grandes y hambrientos me arrebatan la comida. ¡*Guau*! ¡*Guau*! ¡*Guau*!

Les quito un poco de comida y corro. Me persiguen. Mis zapatos se convierten en carros de carreras. Somos muy veloces. Los perros se cansan y se van.

Papá sits down next to me on the bench. He strokes my hair and gives me a juice.

I feel something on the sole of my shoe. A long, sharp, pointed nail!

I take it out and blow through the little hole the nail made. I smile at my shoes.

My shoes and I are ready to keep going.

Papá se sienta a mi lado en una banca. Me acaricia el pelo y me da un jugo.

Siento algo en la suela de un zapato. ¡Es un clavo largo, filoso y puntiagudo!

Lo saco y soplo por el pequeño agujero que dejó el clavo. Les sonrío a mis zapatos.

Mis zapatos y yo estamos listos para continuar.

It's hard to sleep on the bus. Papá's shoulder is my pillow. Two days later, we arrive in Mexico City. Papá loses his wallet. We have to wait for Mamá to send more money.

We have to live in an old, dark trailer for several days. I hear thunder! *Crash, boom, bam!* There are holes in the roof of the trailer. Raindrops fall on my head. It is a lightning storm! The trailer floods. My shoes become swimming shoes. We swim out of the trailer, and all wet, we wait for the sun.

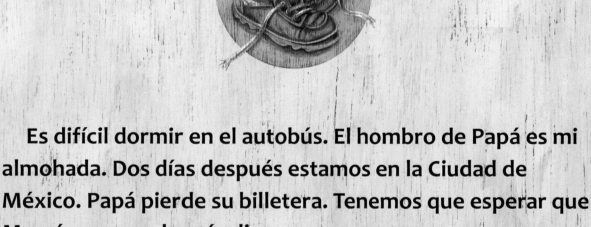

Es difícil dormir en el autobús. El hombro de Papá es mi almohada. Dos días después estamos en la Ciudad de México. Papá pierde su billetera. Tenemos que esperar que Mamá nos mande más dinero.

Tenemos que vivir en un viejo y oscuro tráiler por varios días. ¡Escucho truenos! *¡Bruuum, bam, bruuum!* Hay agujeros en el techo. Las gotas me caen en la cabeza. ¡Es una tormenta eléctrica! El tráiler se inunda. Mis zapatos se convierten en zapatos nadadores. Salimos nadando del tráiler y, todos mojados, esperamos a que salga el sol.

In the morning, the sky is clear. I shiver.

My shoes feel heavy. Something is swishing in my shoes. I take them off and shake them.

A cascade of running water spills out. *Woosh, woosh, woosh!*

The water is gone and my shoes will dry up soon.

En la mañana, el cielo está despejado. Tiemblo de frío.

Mis zapatos están pesados. Algo se menea en mis zapatos. Me los quito y los sacudo.

Cae una cascada de agua. *¡Siis, siis, siis!*

Ha escurrido toda el agua y mis zapatos se secarán pronto.

Uno, dos, tres, my shoes and I are ready to keep going.

Finally, after another bus ride, Papá announces, "We are close to the United States."

"I'm so happy. I can't wait to see Mamá!" I say and jump up and down.

Oh no, mud! Brown, deep, sticky mud! But that won't stop us. My shoes become submarines.

Uno, dos, tres, mis zapatos y yo estamos listos para continuar.

Finalmente, después de otro autobús, Papá anuncia —Estamos cerca de los Estados Unidos.

—¡Estoy tan contento. ¡Ya quiero ver a Mamá! —digo y salto de emoción.

Ay no. ¡Lodo! ¡Un lodo oscurro, grueso y pegajoso! Pero eso no nos detendrá. Mis zapatos se convierten en submarinos.

There is mud behind me, around me, all over me. My shoes are two volcanoes overflowing with mud. I take them off and shake them. *Plop, plop, plop.*

The mud falls to the ground.

I smile at my shoes. Papá and I walk to the border.

Hay lodo detrás de mí, a mi alrededor, encima de mí. Mis zapatos son dos volcanes lanzando lodo de izquierda a derecha. Me los quito y los sacudo. *Chos, chos, chos.*

El lodo cae al suelo.

Les sonrío a mis zapatos. Papá y yo caminamos a la frontera.

Uno, dos, tres, my shoes and I have to keep going.

"We must go over these mountains and the river beyond. Mamá will be waiting on the other side," Papá says.

We run. We stop. We fall down. We get up. We walk. We rest. We run again.

Up! Up! Up the mountain!

We are very tired.

Uno, dos, tres, mis zapatos yo tenemos que continuar.

—Tenemos que atravesar estas montañas y un río. Mamá nos estará esperando en el otro lado —dice Papá.

Corremos. Nos detenemos. Nos caemos. Nos levantamos. Caminamos. Descansamos. Corremos otra vez.

¡Escalamos! ¡Más y más alto en la montaña!

Estamos muy cansados.

Something inside my shoes is hurting my feet. I lift one foot at a time.

Holes! There are round, horrible holes in the soles of my shoes. There are pebbles between my toes. There are tears in my eyes.

Papá cheers me up. "René, my strong boy, we want to be with Mamá. We won't give up."

Hay algo adentro de mis zapatos que me lastima los pies. Levanto un pie a la vez.

¡Agujeros! Hay agujeros redondos y horribles en las suelas de mis zapatos. Hay piedritas entre mis dedos. Hay lágrimas en mis ojos.

Papá me anima. —René, mi niño fuerte, queremos estar con Mamá. No nos daremos por vencidos.

Uno, dos, tres, my shoes and I are almost there. We can do it. Yes, we can.

The running river! *Splishy, splashy*. My shoes and I have to cross it.

I become a horse. My shoes will ride on my shoulder.

"Don't worry, shoes, we will cross the finish line," I say.

Uno, dos, tres, mis zapatos y yo ya casi llegamos. Lo haremos. Sé que lo haremos.

¡El río fluye! *Chof, chof.* Mis zapatos y yo tenemos que cruzarlo.

Me convierto en un caballo. Mis zapatos montarán mi hombro.

—No se preocupen, zapatos. Llegaremos a la meta —les digo.

The water comes up to my stomach. I keep walking. The water is up to my shoulders.

I lose my balance. Ah—ah—ah! Where are my shoes?

I see a shoelace. I grab it. A shoe comes out of the water. I don't see the other one.

We come out of the river. Papá and I look around. Trapped in some branches is my other shoe.

El agua me llega al estómago. Sigo caminando. El agua me llega a los hombros.

Pierdo el balance. ¡Ay-ay-ay! ¿Dónde están mis zapatos?

Veo un cordón. Lo atrapo. Un zapato sale del agua. No veo el otro.

Salimos del río. Papá y yo buscamos alrededor. Atrapado en unas ramas está mi otro zapato.

Mamá is waiting for us. We hug. We kiss. We cry with joy. My shoes are with me. They still walk everywhere I walk. We crossed the finish line, together.

Mamá nos está esperando.
Nos abrazamos. Nos besamos.
Lloramos de alegría.
Mis zapatos están conmigo.
Siguen caminando donde sea
que yo camine.
Juntos cruzamos la meta.

René Colato Laínez came to the United States from El Salvador as a teen, and he writes about his experiences in bilingual children's books such as *Waiting for Papá / Esperando a Papá* (Piñata Books, 2004), *I Am René, the Boy / Soy René, el niño* (2005) and *René Has Two Last Names / René tiene dos apellidos* (2009). His other books include *Mamá the Alien / Mamá la extraterrestre* (Lee & Low Books, 2016), *The Tooth Fairy Meets El Ratón Pérez* (Tricycle Press, 2010), *From North to South / Del norte al sur* (Children's Book Press, 2010) and *Playing Lotería / El juego de la lotería* (Luna Rising, 2005). A graduate of the Vermont College MFA program in Writing for Children & Young Adults, René is a bilingual elementary teacher at Fernangeles Elementary School in the Los Angeles Unified School District. Visit René at www.renecolatolainez.com

René Colato Laínez emigró a los Estados Unidos de El Salvador en la adolescencia. Escribe sobre su experiencia en los libros bilingües infantiles como *Waiting for Papá / Esperando a Papá* (Piñata Books, 2004), *I Am René, the Boy / Soy René, el niño* (2005) y *René Has Two Last Names / René tiene dos apellidos* (2009). Sus otros libros incluyen *Mamá the Alien / Mamá la extraterrestre* (Lee & Low Books, 2016), *The Tooth Fairy Meets El Ratón Pérez* (Tricycle Press, 2010), *From North to South / Del norte al sur* (Children's Book Press, 2010) y *Playing Lotería / El juego de la lotería* (Luna Rising, 2005). Se graduó del programa de escritura para niños y jóvenes de Vermont College y es maestro bilingüe en la escuela primaria Fernangeles en el Distrito Unificado de Los Ángeles. Visítalo en www.renecolatolainez.com

Fabricio Vanden Broeck is a designer, illustrator, painter and professor of design at the Universidad Autónoma Metropolitana-Azcapotzalco in Mexico City. His illustrations have been published in *The New York Times, La Vanguardia* (Barcelona), *Libération* (Paris), *El Mundo del siglo XXI* (Madrid), in the magazines: *El Malpensante* (Bogota) and *Letras Libres* (Mexico, D.F.), where he was illustrations editor. Among some of his recognitions it should be noted that he has received the *Excellence Award for Illustration* from the Society of Newspaper Design for eight consecutive years as well as the *Silver Award* in 1999. In 2000, he was named to the IBBY Honour List, a biennial selection of the best children's books in the world. In 2010, he was Mexico's candidate to the Hans-Christian Anderson award for illustration.

Fabricio Vanden Broeck es diseñador, ilustrador, pintor y profesor de diseño en la Universidad Autónoma Metropolitana-Azcapotzalco en la Ciudad de México. Sus ilustraciones han sido publicadas en *The New York Times, La Vanguardia* (Barcelona), *Libération* (París), *El Mundo del siglo XXI* (Madrid) y las revistas *El Malpensante* (Bogotá) y *Letras Libres* (México, D.F.), donde también fungió como editor de ilustración. Entre los reconocimientos recibidos destaca el hecho de que, por ocho años consecutivos, recibió el *Excellence Award for Illustration* de la Society of Newspaper Design, así como el *Silver Award* en 1999. En el 2000 fue seleccionado para la Lista de Honor de IBBY, selección bienal de los mejores libros para niños publicados en el mundo. En el 2010 fue candidato por México al Premio Hans-Christian Andersen en la categoría de ilustración.

Author's Note

In 1985, Papá and I had to leave El Salvador to escape from the civil war. Mamá was already in the United States. For the Christmas of 1984, Mamá had sent me a new pair of shoes for my journey. In February, Papá and I left the country. I was starting ninth grade and I had so many dreams to accomplish. On our long and tiring trip, we snuck across three borders. I became an undocumented immigrant in three countries. Papá lost his wallet in Mexico. He had to work to get money for us to eat. An old trailer became our home for two months. During this time, my mother saved more money for our trip. In April, we continued our journey, taking many bus rides until we arrived in Tijuana. Papá and I crossed many mountains. The brand new shoes that Mamá had sent me for Christmas were now all torn up and had no more soles. I reached the United States practically without shoes. I am writing this book to tell readers about the hard journey that immigrant children and families face. They are escaping from violence and crime. Their journey is not a choice but a necessity to look for a better place, where they can accomplish their dreams.

Nota del autor

En 1985, Papá y yo salimos de El Salvador huyendo de la guerra civil. Mamá ya estaba viviendo en los Estados Unidos. Para la Navidad de 1984, Mamá me mandó un par de zapatos nuevos para mi viaje. En febrero, Papá y yo dejamos el país. Estaba comenzando el noveno grado y tenía tantos sueños que cumplir. En el largo y cansado viaje, tuvimos que cruzar a escondidas por tres fronteras. Yo me convertí en un inmigrante indocumentado en tres países. Papá perdió su billetera en México y tuvo que trabajar para que pudiéramos comer. Un viejo tráiler se convirtió en nuestra casa por dos meses. Durante este tiempo, Mamá consiguió más dinero para nuestro viaje. En abril, continuamos nuestro viaje tomando muchos autobuses hasta que llegamos a Tijuana. Papá y yo cruzamos muchas montañas. Los zapatos nuevos que mandó Mamá para la Navidad estaban todos rotos y sin suelas. Llegué a los Estados Unidos prácticamente sin zapatos. Escribo este libro para contarles a los lectores del esforzado viaje que los niños y las familias inmigrantes tienen que pasar. Ellos están huyendo del crimen y de la violencia. El viaje para ellos no es una opción sino una necesidad para poder lograr sus sueños en un lugar mejor.